KLEINE ANLAGE

 KLEINE ANLAGE

KLEINE ANLAGE

HANDBUCH FÜR ANFÄNGER

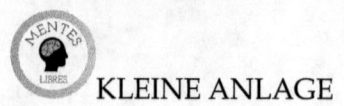
KLEINE ANLAGE

 KLEINE ANLAGE

Inhalt

Einführung

Kapitel 1: Die Grundlagen

Kapitel 2: Soll ich investieren?

Kapitel 3: Dinge ... stabilisieren

Kapitel 4: Zusätzliche Assets erstellen

Kapitel 5: Strategie und Stil

Fazit

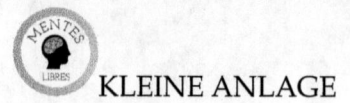
KLEINE ANLAGE

KLEINE ANLAGE

Einführung

Wenn es um Investitionen geht, wollen viele Erstinvestoren mit beiden Beinen aufstehen.

Leider sind nur sehr wenige dieser Investoren erfolgreich.

In etwas zu investieren, erfordert ein gewisses Maß an Geschicklichkeit.

Es ist wichtig, sich daran zu erinnern, dass wenige Investitionen eine sichere Sache sind - es besteht die Gefahr, dass Sie Ihr Geld verlieren!

 KLEINE ANLAGE

Kapitel 1: Die Grundlagen

Bevor Sie Maßnahmen ergreifen, ist es am besten, nicht nur mehr über die Investition und ihre Funktionsweise zu erfahren, sondern auch festzustellen, was Ihre Ziele sind.

Was hoffen Sie mit Ihren Investitionen zu erreichen?

Werden Sie eine Hochschulausbildung finanzieren, ein Haus kaufen, in Rente gehen? Bevor Sie auch nur einen einzigen Penny investieren, sollten Sie wirklich überlegen, was Sie mit dieser Investition erreichen wollen.

 KLEINE ANLAGE

Wenn Sie wissen, was Ihr Ziel ist, können Sie auf dem Weg dahin intelligentere Investitionsentscheidungen treffen!

Der Ausgangspunkt

Allzu oft investieren Menschen Geld mit dem Traum, über Nacht reich zu werden. Dies ist möglich, aber auch selten. Es ist oft eine sehr schlechte Idee, mit Investitionen zu beginnen, in der Hoffnung, über Nacht reich zu werden.

Es ist sicherer, das Geld so anzulegen, dass es mit der Zeit langsam wächst und dass es für den Ruhestand oder die Ausbildung eines jungen Menschen verwendet wird.

Wenn Ihr Investitionsziel jedoch darin besteht, schnell reich zu werden, sollten Sie so viel wie möglich über renditestarke, kurzfristige Investitionen lernen, bevor Sie investieren.

KLEINE ANLAGE

Sie sollten ernsthaft erwägen, mit einem Finanzplaner zu sprechen, bevor Sie irgendwelche Investitionen tätigen. Ihr Finanzplaner kann Ihnen dabei helfen zu bestimmen, welche Art von Investition Sie tätigen sollten, um Ihre finanziellen Ziele zu erreichen. Er oder sie kann Ihnen realistische Informationen darüber geben, welche Art von Rückkehr Sie erwarten können und wie lange es dauern wird, bis Sie Ihre speziellen Ziele erreichen.

Denken Sie auch hier wieder daran, dass zum Investieren mehr nötig ist, als einen Börsenmakler anzurufen und ihm zu sagen, dass Sie Aktien oder Anleihen kaufen wollen. Sie benötigen ein gewisses Maß an Forschung und Wissen über den Markt, wenn Sie erwarten, erfolgreich zu investieren.

 KLEINE ANLAGE

Kapitel 2: Soll ich investieren?

Investitionen sind im Laufe der Jahre immer wichtiger geworden, da die Zukunft der Sozialversicherungsleistungen unbekannt ist.

Wichtige Informationen

Die Menschen wollen ihre Zukunft sichern und wissen, dass sie, wenn sie auf Leistungen der Sozialversicherung und in einigen Fällen auf Rentenpläne angewiesen sind, ein böses Erwachen erleben, wenn sie nicht mehr in der Lage sind, ein regelmäßiges Einkommen zu erzielen.

Investieren ist die Antwort auf die Unbekannten der Zukunft.

 KLEINE ANLAGE

Vielleicht haben Sie über die Jahre hinweg Geld auf einem zinsgünstigen Sparkonto gespart. Jetzt wollen Sie sehen, dass das Geld schneller wächst.

Vielleicht haben Sie Geld geerbt oder eine andere Art von Geldfall verdient, und Sie brauchen einen Weg, dieses Geld wachsen zu lassen. Auch hier ist Investieren die Antwort.

Investieren ist auch eine Möglichkeit, die Dinge zu bekommen, die Sie sich wünschen, wie ein neues Haus, eine Hochschulausbildung für Ihre Kinder oder teures "Spielzeug".

Natürlich bestimmen Ihre finanziellen Ziele die Art der Investition, die Sie tätigen.

Wenn Sie schnell viel Geld verdienen wollen oder müssen, sind Sie eher an einer

 KLEINE ANLAGE

risikoreicheren Anlage interessiert, die Ihnen in kürzerer Zeit eine höhere Rendite bringt.

Wenn Sie für etwas in der fernen Zukunft sparen, z.B. für den Ruhestand, werden Sie sicherere Investitionen tätigen wollen, die über einen längeren Zeitraum wachsen.

Der allgemeine Zweck von Investitionen besteht darin, über einen bestimmten Zeitraum hinweg Wohlstand und Sicherheit zu schaffen.

Man darf nicht vergessen, dass man nicht immer ein Einkommen erzielen kann - irgendwann wird man sich zur Ruhe setzen wollen.

Sie können sich auch nicht darauf verlassen, dass das Sozialversicherungssystem das tut, was Sie von ihm erwarten, und Sie können sich auch nicht unbedingt auf die

KLEINE ANLAGE

Altersvorsorge Ihres Unternehmens verlassen.

Also, noch einmal: Investitionen sind der Schlüssel zur Sicherung der eigenen finanziellen Zukunft, aber Sie müssen brillante Investitionen tätigen!

 KLEINE ANLAGE

Kapitel 3: Dinge... stabilisieren

Bevor Sie erwägen, in irgendeine Art von Markt zu investieren, sollten Sie Ihre aktuelle Situation sorgfältig prüfen. In die Zukunft zu investieren ist eine großartige Sache; entscheidender ist jedoch die Klärung der Frage, was an Situationen in der Gegenwart falsch - oder möglicherweise falsch - ist.

Bringen Sie es unter Kontrolle. Holen Sie den Kreditbericht heraus.

Sie sollten dies einmal im Jahr tun. Es ist von entscheidender Bedeutung zu wissen, was auf Ihrem Bericht steht, und alle negativen Punkte auf Ihrer Kreditauskunft so schnell wie möglich zu klären. Wenn Sie 25.000

KLEINE ANLAGE

Dollar für Investitionen beiseite gelegt haben, aber immer noch 25.000 Dollar an schlechten Krediten haben, bereinigen Sie besser zuerst den Kredit!

Dann schauen Sie sich an, was Sie jeden Monat bezahlen, und streichen Sie die Ausgaben, die nicht notwendig sind.

Beispielsweise sind hochverzinsliche Kreditkarten nicht erforderlich. Zahlen Sie sie aus und werden Sie sie los. Wenn Sie ausstehende Darlehen mit hohen Zinssätzen haben, zahlen Sie diese ebenfalls.

Wenn es nichts anderes gibt, tauschen Sie die hochverzinsliche Kreditkarte gegen eine niedrigverzinsliche Karte und refinanzieren Sie die hochverzinslichen Darlehen mit niedrigverzinslichen Darlehen.

Möglicherweise werden Sie einen Teil Ihrer Investitionsmittel zur Lösung dieser

 KLEINE ANLAGE

Probleme einsetzen müssen, doch langfristig gesehen ist dies der klügste Weg.

Bringen Sie sich in eine gute finanzielle Verfassung - und verbessern Sie dann Ihren finanziellen Status mit intelligenten Investitionen.

Es macht keinen Sinn, mit der Anlage von Geldern zu beginnen, wenn Ihr Bankguthaben immer niedrig ist oder wenn Sie Schwierigkeiten haben, Ihre monatlichen Rechnungen zu bezahlen.

Ihr Investitionskapital wird besser ausgegeben, um die negativen finanziellen Probleme zu beheben, von denen Sie täglich betroffen sind.

Während Sie dabei sind, Ihre derzeitige finanzielle Situation zu überwinden, bestehen Sie darauf, sich über die

KLEINE ANLAGE

verschiedenen Arten von Investitionen zu informieren.

Auf diese Weise werden Sie, wenn Sie sich in einer intelligenten Finanzlage befinden, mit dem Wissen ausgestattet, das Sie benötigen, um ebenso intelligente Investitionen in Ihre Zukunft zu tätigen.

 KLEINE ANLAGE

Kapitel 4: Zusätzliche Assets erstellen

Es wurden viele Bücher und Bildungspläne darüber geschrieben, wie man Waren mit Bedacht kaufen kann. Für viele Menschen ist der Kauf von Waren der für sie günstigste Plan. Aber wenn Sie danach streben, Vermögenswerte zu erwerben, um schließlich zu investieren, stellt sich die Frage: "Sind Sie bereit, Ihre Vermögenswerte zu produzieren, anstatt die Vermögenswerte eines anderen zu kaufen?

Bauen Sie es auf

In diesem Buch geht es um passives Einkommen und darum, wie man einen Gedanken zu einem Vermögenswert macht,

 KLEINE ANLAGE

der zusätzliches Vermögen entwickelt. Es geht nicht nur darum, wie man viel Einkommen erzielen kann, sondern auch darum, wie man das Einkommen, das das Vermögen liefert, aufrechterhalten kann und wie man es dazu bringt, neben der Investition noch mehr Vermögen zu produzieren. Sie zeigt auf, wie viele der wohlhabenden Personen kamen, um das meiste Einkommen zu erzielen.

Wenn Sie das also fasziniert, dann fahren Sie bitte fort. Das Rätsel lautet: "Wie produziert man ein Vermögen, ohne Einnahmen auszugeben, um es zu erhalten?

"Es gibt Menschen, die Waren kaufen, und es gibt Menschen, die Waren produzieren.

Viele Menschen haben Ideen, die sie über ihre wildesten Bestrebungen hinaus reich machen können. Der springende Punkt ist, dass die meisten Menschen niemals

 KLEINE ANLAGE

Anweisungen erhalten haben, wie sie eine Unternehmensstruktur in ihre Ideen einbauen können, und daher nehmen viele ihrer Ideen niemals Gestalt an oder stehen auf sich allein gestellt.

Wenn Sie zu den Menschen gehören wollen, die zusätzliches Geld zu investieren haben, müssen Sie verstehen, wie Sie innerhalb Ihrer kreativen Ideen eine Geschäftsstruktur aufbauen können. Wenn Sie erst einmal versuchen, Ihre Ideen in ein persönliches Vermögen zu verwandeln, werden viele Menschen sagen: "Das können Sie nicht tun.

Denken Sie immer daran, dass nichts Ihre unglaublichen Ideen mehr auslöscht als Individuen mit wenigen Ideen und eingeschränkter Vorstellungskraft. Das Hindernis für die Umsetzung unserer Ideen in 100.000.000 Dollar oder sogar 100.000.000 Dollar

KLEINE ANLAGE

Das Kapital des Dollars ist oft der Kampf zwischen unseren eigenen Geistern und unseren eigenen, oft durchschnittlichen Gehirnen.

Man muss fest im Geiste und fest in seinen Überzeugungen sein, um seine Gedanken in Glück zu verwandeln. Selbst wenn Sie das Verfahren verstehen, mit dem Ihre Ideen Sie reich machen können, denken Sie immer daran, dass beeindruckende Ideen nur dann zu großem Glück werden, wenn der Mensch, der hinter der Idee steht, ebenso bereit ist, beeindruckend zu sein.

Es ist oft schwer aufrechtzuerhalten, wenn alle um Sie herum sagen: "Sie schaffen es nicht. Man muss ein sehr solider Geist sein, um den Zweifeln der Menschen um einen herum standhalten zu können. Aber Ihr Geist muss noch weniger angreifbar sein, wenn Sie das Individuum sind, das sich sagt: "Das können Sie nicht tun. Das bedeutet nicht, dass man blind wird, wenn man nicht auf die

 KLEINE ANLAGE

großen, schlechten Ideen seiner Freunde oder sich selbst hört.

Ihre Ideen und Beiträge sollten gehört und oft genutzt werden, wenn ihre Ideen besser sind als Ihre. Aber im Moment spreche ich nicht von einfachen Ideen oder Ratschlägen.

Worüber ich spreche, ist mehr als nur Ideen. Ich spreche von Ihrer Gefühlslage und der Bereitschaft, vorwärts zu gehen, auch wenn Sie mit Zweifeln und außerhalb der großen Ideen beschäftigt sind. Niemand kann Ihnen sagen, was Sie in Ihrem Leben erreichen können oder nicht erreichen können.

Nur Sie sind in der Lage, sie zu regulieren. Ihre eigene Größe steht oft am Ende des Weges, und wenn Sie versuchen, Ihre Gedanken in Einkommen umzuwandeln, sind Sie oft am Ende des Weges angelangt.

 KLEINE ANLAGE

Das Ende des Weges ist, wenn Sie ohne Gedanken, ohne Einkommen und voller Zweifel sind.

Wenn Sie in der Lage sind, in sich selbst den Geist zum Weitermachen zu entdecken, werden Sie entdecken, was es wirklich braucht, um Ihre Ideen in unglaubliche Trümpfe zu verwandeln.

Einen Gedanken in ein großes Vermögen zu verwandeln, ist mehr eine Frage des menschlichen Geistes als der Kraft des menschlichen Gehirns. Am Ende jedes Weges entdeckt die Person ihren Geist.

Ihren Geist zu entdecken und ihn zu festigen ist entscheidender als die Idee oder das Geschäft, das Sie formulieren.

Wenn Sie einmal Ihren Unternehmergeist entdeckt haben, können Sie immer noch

KLEINE ANLAGE

wirklich durchschnittliche Ideen in übertriebene Vermögen verwandeln und Geld zum Investieren haben. Denken Sie immer daran, dass die Welt voller Menschen mit unglaublichen Ideen und nur sehr wenige Menschen mit einem großen Vermögen sind.

 KLEINE ANLAGE

Kapitel 5: Strategie und Stil

Da eine Investition in den meisten Fällen keine sichere Sache ist, ähnelt sie sehr stark einem Spiel - man kennt das Ergebnis erst, wenn das Spiel gespielt und ein Gewinner bekannt gegeben wurde.

Jedes Mal, wenn Sie fast jede Art von Spiel spielen, haben Sie einen Plan.

Investieren ist nicht anders - ein Investitionsplan ist erforderlich.

Die Kenntnis Ihrer Risikotoleranz und Ihres Anlagestils wird Ihnen helfen, Investitionen klüger zu wählen. Es gibt zwar viele verschiedene Arten von Investitionen, die

 KLEINE ANLAGE

man tätigen kann, aber es gibt wirklich nur 3 spezifische Anlagetrends - und diese 3 Trends beziehen sich auf Ihre Risikotoleranz.

Die 3 Investitionstrends sind konservativ, moderat und aggressiv.

Was Sie verstehen müssen

Ein Investitionsplan ist im Grunde ein Plan, Ihr Geld in verschiedene Arten von Investitionen zu investieren, die Ihnen helfen, Ihre finanziellen Ziele über einen bestimmten Zeitraum zu erreichen. Jede Investitionsart enthält einzelne Investitionen, aus denen Sie auswählen müssen. Ein Bekleidungsgeschäft verkauft Kleidung - aber diese Kleidung besteht aus Hemden, Hosen, Kleidern, Röcken, Unterwäsche usw. Der Aktienmarkt ist eine Art der Investition, aber er enthält mehrere Arten von Aktien, die verschiedene Unternehmen enthalten, in die Sie investieren können.

KLEINE ANLAGE

Wenn Sie nicht recherchiert haben, kann das sehr verwirrend sein, einfach weil es so viele verschiedene Arten von Investitionen und Einzelinvestitionen zur Auswahl gibt. Hier kommt Ihr Plan ins Spiel, kombiniert mit Ihrer Risikotoleranz und Ihrer Investitionstendenz.

Wenn Sie zum ersten Mal investieren, arbeiten Sie eng mit einem Finanzplaner zusammen, bevor Sie irgendwelche Investitionen tätigen. Sie helfen Ihnen, einen Investitionsplan zu entwickeln, der nicht nur innerhalb der Grenzen Ihrer Risikotoleranz und Ihres Investitionstrends liegt, sondern Ihnen auch hilft, Ihre finanziellen Ziele zu erreichen.

Investieren Sie niemals Geld, ohne ein Ziel und einen Plan zu haben, um dieses Ziel zu erreichen! Das ist wesentlich. Niemand gibt sein Geld jemandem, ohne zu wissen, wofür

 KLEINE ANLAGE

dieses Geld verwendet wird und wann er es zurückbekommt! Wenn Sie kein Ziel, keinen Plan oder kein Schema haben, dann ist das im Wesentlichen genau das, was Sie tun! Beginnen Sie immer mit einem Ziel und einem Plan, um dieses Ziel zu erreichen!

Wenn Sie feststellen, dass Sie eine geringe Risikotoleranz haben, wird Ihr Anlagetrend natürlich wahrscheinlich konservativ oder bestenfalls moderat sein.

Wenn Sie eine hohe Risikotoleranz haben, sind Sie wahrscheinlich ein gemäßigter oder aggressiver Investor. Gleichzeitig bestimmen Ihre finanziellen Ziele auch den von Ihnen verwendeten Investitionstrend.

Wenn Sie in Ihren Zwanzigern für den Ruhestand sparen, sollten Sie einen konservativen oder moderaten Anlagetrend nutzen, aber wenn Sie versuchen, die Mittel für den Kauf eines Eigenheims in den

 KLEINE ANLAGE

nächsten ein oder zwei Jahren aufzubringen, werden Sie einen aggressiven Trend nutzen wollen.

Konservative Investoren wollen ihre Anfangsinvestition behalten. Mit anderen Worten: Wenn sie 5.000 Dollar investieren, wollen sie sicher sein, dass sie ihre ursprünglichen 5.000 Dollar zurückerhalten. Dieser Anlegertyp investiert üblicherweise in Aktien und Anleihen und kurzfristige Geldmarktkonten.

Ein Sparkonto, das Zinsen erwirtschaftet, ist für konservative Anleger sehr üblich.

Ein moderater Investor investiert in der Regel wie ein konservativer Anleger, wird aber einen Teil seiner Investitionsmittel für risikoreichere Investitionen verwenden. Viele gemäßigte Investoren investieren 50% ihrer Investmentfonds in sichere oder konservative

 KLEINE ANLAGE

Anlagen und den Rest in Anlagen mit höherem Risiko.

Ein aggressiver Investor ist bereit, Risiken einzugehen, die andere Investoren nicht eingehen wollen. Sie investieren größere Geldbeträge in risikoreichere Unternehmen in der Hoffnung, entweder im Laufe der Zeit oder auf kurze Sicht höhere Erträge zu erzielen. Aggressive Investoren haben in der Regel alle oder die meisten ihrer Investmentfonds an der Börse gebunden.

Auch hier wird die Entscheidung, welchen Anlagetrend Sie verwenden werden, von Ihren finanziellen Zielen und Ihrer Risikotoleranz bestimmt.

Unabhängig davon, welche Art von Investition Sie tätigen, sollten Sie diese Investition jedoch sorgfältig untersuchen. Investieren Sie nie, ohne alle Fakten zu kennen!

 KLEINE ANLAGE

Fazit

Auf dem Weg dahin machen Sie vielleicht einige Investitionsfehler, aber es gibt riesige Fehler, die Sie unbedingt vermeiden müssen, wenn Sie ein erfolgreicher Investor sein wollen. Der größte Investitionsfehler, den Sie machen könnten, ist zum Beispiel, überhaupt nicht zu investieren oder für später mit den Investitionen aufzuhören. Lassen Sie Ihr Geld für sich arbeiten, auch wenn Sie nur noch 20 Dollar pro Woche zum Investieren übrig haben!

Es ist zwar ein großer Fehler, überhaupt nicht zu investieren oder zu zögern, aber zu investieren, bevor man finanziell in der Lage ist, dies zu tun, ist ein weiterer großer Fehler. Bringen Sie zuerst Ihre aktuelle finanzielle Situation in Ordnung und beginnen Sie dann mit den Investitionen. Holen Sie sich Ihren

 KLEINE ANLAGE

Kredit, zahlen Sie hochverzinsliche Darlehen und Kreditkarten ab und sparen Sie mindestens 3 Monate an Lebenshaltungskosten. Wenn Sie das getan haben, sind Sie bereit, Ihr Geld für sich arbeiten zu lassen.

Investieren Sie nicht, um schnell reich zu werden. Es ist die riskanteste Art der Investition, die es gibt, und es ist mehr als wahrscheinlich, dass Sie verlieren werden. Wenn es einfach wäre, würde es jeder tun! Investieren Sie lieber langfristig, und haben Sie die Geduld, die Stürme zu überstehen und Ihr Geld wachsen zu lassen.

Investieren Sie nur kurzfristig, wenn Sie wissen, dass Sie das Geld bald brauchen werden, und gehen Sie dann zu sicheren Investitionen über, wie z.B. Einlagenzertifikate.

KLEINE ANLAGE

Legen Sie nicht alle Eier in einen Korb. Verteilen Sie sie auf verschiedene Arten von Investitionen, um die besten Renditen zu erzielen.

Ebenso sollten Sie Ihr Geld nicht zu viel bewegen. Lassen Sie es laufen. Wählen Sie Ihre Investitionen sorgfältig aus, investieren Sie Ihr Geld und lassen Sie es wachsen. Keine Panik, wenn die Aktie um ein paar Dollar fällt. Wenn die Aktie stabil ist, wird sie wieder steigen.

Denken Sie daran, kein Risiko, kein Gewinn, aber seien Sie klug!

 KLEINE ANLAGE

Besuchen Sie unsere Website! Holen Sie sich weitere Bücher von **MENTES LIBRES**!

https://www.amazon.de/MENTES-LIBRES/e/B08274DDV4?ref_=dbs_p_ebk_r00_abau_000000

Wenn Sie möchten, können Sie Ihren Kommentar zu diesem Buch hinterlassen, indem Sie auf den folgenden Link klicken, damit wir uns weiter entwickeln können! Vielen Dank für Ihren Kauf!

https://www.amazon.de/dp/B08915WDS8